Inhalt

Neuregelung der GVO

Kernthesen

Beitrag

Fallbeispiele

Weiterführende Literatur

Impressum

GENIOS WirtschaftsWissen Nr. 04/2002 vom 25.04.2002

Neuregelung der GVO

E.Krug

Kernthesen

- Die GVO (Kfz-Gruppenfreistellungsverordnung) wird im Herbst 2002 einer neuen Regelung unterworfen.
- Der Entwurf zur Neuregelung der GVO gibt Anlass zu heftigen Diskussionen und lässt eine Umstrukturierung in der Automobilbranche erwarten.
- Der Wettbewerbskommissar der EU, Mario Monti, erhofft sich durch die Abschaffung dieser Ausnahmeregelung für die Autoindustrie unter anderem einen intensiveren Wettbewerb und Preisvorteile für den Verbraucher. (1), (2)

Beitrag

Reform der GVO

Im Oktober 2002 wird die GVO auslaufen, die den Exklusivvertrieb durch die Autohersteller garantiert. Der Wettbewerbskommissar der EU will diese Garantie abschaffen und künftig den Mehrmarkenvertrieb in der Automobilbranche einführen. (3), (4)
Bereits im Juli 2002 soll die endgültige Entscheidung über den künftigen gesetzlichen Rahmen des Automobilvertriebs in Europa fallen. (11)

Der neue Entwurf ist zur Zeit ein viel diskutiertes Thema in der Branche. Bis jetzt sind zwar fast alle gemeinsam, Gewerkschaftler sowie Arbeitgeber, gegen diese Reform, was allerdings noch lange nicht bedeutet, dass alle der gleichen Meinung sind. Außerdem ist diese Diskussion für das Image der Autoindustrie nicht gerade nützlich. BMW versucht sich mittlerweile sogar deutlich von der Diskussion zu distanzieren. (5), (6), (7)

Reformpläne

Entwurf:

Dem Händler wird der Verkauf verschiedener Marken durch einen Mehrmarkenvertrieb ermöglicht. (3)

Bisherige Situation:

Exklusiver Einmarkenvertrieb durch die Autoproduzenten (4)

Entwurf:

Händler haben die Möglichkeit an selbständig gewählten Standorten ebenfalls Filialen zu eröffnen. Sie sind dabei nicht an ein Gebiet gebunden, sondern können den Verkauf über ganz Europa ausdehnen. (3)

Bisherige Situation:

Der Handel hat kein freies Niederlassungsrecht. (1)

Entwurf:

Der Autohändler ist nicht verpflichtet, Inhaber einer eigenen Werkstatt zu sein. Es reicht aus, wenn er eine Partnerschaft mit einer Werkstatt hat. Außerdem wird ihm freigestellt, ob er die Ersatzteile über den Autohersteller oder den Teileproduzenten beziehen möchte. (3), (8)

Bisherige Situation:

Es dürfen nur Orginalteile vom Hersteller eingebaut werden. (8)

Entwurf:

Freie Werkstätten erhalten Zugang zu technischen Daten und Diagnoseinstrumenten (3)
Bisherige Situation: Enge Verzahnung von Kfz-Handel und verpflichtenden Serviceangeboten; Vertriebsbindungsverträge (9)

Fazit:

Die Automobilbranche genießt bislang das Privileg, von den üblichen Wettbewerbsregeln freigestellt zu sein, sprich, der Hersteller kann seinen Vertragshändler selektiv auswählen, ihm verbieten, konkurrierende Marken im selben Showroom anzubieten, ihm die Preise vorschreiben und ihm Gebietsschutz in einem genau festgelegten Verkaufsgebiet gewähren. (7)

Gründe für die Reform der GVO

Der Anlass für eine Neuregelung der GVO ist das unterschiedliche Preisniveau in den EU-Ländern. Obwohl die gesamte deutsche Autoindustrie der EU-Kommission wiederholt zugesichert hatte, ihre Preise in den EU-Ländern anzugleichen, haben sich nur wenige Ausnahmen, wie BMW, daran gehalten. (7)

Die Konkurrenzsituation in der gesamten Branche soll verstärkt und damit die Preise im Sinne der Verbraucher gesenkt werden. (2), (9)

Aber:

Es gibt auch gegenteilige Annahmen. Modellrechnungen des Verbands der Europäischen Kraftfahrzeugbetriebe zeigen die Tendenz, daß durch die geänderten rechtlichen Rahmenbedingungen der Vertrieb für die Hersteller um bis zu 15 Prozent teurer werden könnte, weil künftig europaweit kalkuliert werden muss und die Lagerhaltung zunehmen muss, um den Kunden schnell bedienen zu können. (11)

Zudem ist die Vermutung, dass die bisherige Ausnahmeregel die Ursache für die Preisunterschiede in Europa ist, nicht unbedingt schlüssig. Es existieren bei fast allen Konsumgütern in Europa erhebliche Preisunterschiede. (1)

Probleme durch die Reform der GVO

Die Kritiker sehen ziemliche Probleme auf die Wirtschaft zukommen, da sie einen Verlust von vielen tausend Arbeitsplätzen und ein massives Händlersterben befürchten. (9) Zudem könnten große Ketten in den Markt drängen und das Geschäft der Kleinen kaputtmachen. (11)

Vor allem die Volumenhersteller werden mit Preisdruck, steigenden Vertriebskosten und Planungsunsicherheiten zu kämpfen haben. Viele von ihnen haben trotz Drohungen und Bußgeldern an großen Nettopreisdifferenzierungen in den europäischen Ländern festgehalten. (6), (10)

Hersteller von Premiummarken dagegen sehen ihr Image gefährdet, wenn sie den Showroom mit "Billigmarken" teilen müssen. (3)

Die Angst vor dem Supermarkt als künftigen Verkaufsraum für Automobile scheint allerdings unbegründet zu sein, weil der jetzige Entwurf eine derartige Möglichkeit nicht explizit vorgesehen hat. (6)

Fallbeispiele

Beispiele für Reaktionen in der Automobilbranche, die den Trend reflektieren:

- Die Diskussion über die GVO wirft einen Schatten auf die Autoindustrie, deshalb versucht BMW einem Imageverlust entgegenzuwirken. Das Unternehmen sucht neue Möglichkeiten der Kundenbindung und denkt dabei z. B. an die Einbindung von Garantieleistungen in den Kaufpreis. (5)

- Peugeot hat bereits eine verlängerte

Mobilitätsgarantie gegen Aufpreis in seinem Angebot. Die gängige Garantie über zwei Jahre kann auf fünf Jahre verlängert werden, mit der Bedingung, dass der Service von Peugeot-Partnern durchgeführt wird. (5)

- VW plant mit nachgefertigten Ersatzteilen zu handeln. Da eine Neuregelung vorsieht, dass ein Volkswagen-Händler die Orginalersatzteile nicht mehr bei VW beziehen muss, sondern ihm ein Direkteinkauf beim Hersteller dieser Teile möglich ist, will VW hier selbst einsteigen, um sich dieses profitable Geschäft nicht entgehen zu lassen. (8)

- Kia Motors Corp., Seoul, erhofft sich durch die "neuen" Regelungen für den Autohandel in Europa erhebliche Vorteile. Durch eine Zusammenarbeit mit bestehenden Händlern könnte Kia die Stellung in den Ballungsräumen kostengünstig verbessern. Bis jetzt war der südkoreanische Hersteller (präsent in Europa seit Mitte der neunziger Jahre) hauptsächlich in Randgebieten vertreten. Um in bevölkerungsreichen Regionen Fuß zu fassen ist Kia mit Opel, Honda, Nissan, Mazda und Chrysler in Kontakt getreten. (4)

Weiterführende Literatur

(1) Plädoyer gegen einen verordneten Automobilvertrieb

aus Börsen-Zeitung, 22.02.2002, Nummer 37, Seite 10

(2) Umsatz des Kfz-Gewerbes sinkt weiter, SZ
Süddeutsche Zeitung, 13.03.2002, S. 30
aus Börsen-Zeitung, 22.02.2002, Nummer 37, Seite 10

(3) Autobauern verzieht es die Spur
aus HORIZONT 07 vom 14.02.2002 Seite 017

(4) Kia sucht deutsche Vertriebspartner
aus Frankfurter Allgemeine Zeitung, 07.03.2002, Nr. 56, S. 22

(5) Die Auto-Phalanx fährt einen Schlingerkurs
aus HORIZONT 07 vom 14.02.2002 Seite 001

(6) Das Ende der Einheit
aus HORIZONT 07 vom 14.02.2002 Seite 016

(7) Vom Saulus zum Paulus
aus Börsen-Zeitung, 26.02.2002, Nummer 39, Seite 10

(8) VW plant Handel mit billigen Ersatzteilen Das Unternehmen will Montis Pläne zur Änderung des Autovertriebs durchkreuzen · Kritik an Trennung von Service und Handel
aus FTD Financial Times Deutschland vom 14.03.2002, Seite 7

(9) Autos als Category im Supermarkt
aus Lebensmittel Zeitung 07 vom 15.02.2002 Seite 012

(10) GVO treibt Kosten
aus HORIZONT 10 vom 07.03.2002 Seite 066

(11) Creutzig: Neuwagen werden in Deutschland keineswegs billiger
aus Frankfurter Allgemeine Zeitung, 20.04.2002, Nr. 92, S. 61

Impressum

Neuregelung der GVO

Bibliografische Information der deutschen Nationalbibliothek

Die Deutsche Nationalbibliothek verzeichnet diese Publikation in der deutschen Nationalbibliografie; detaillierte bibliografische Daten sind im Internet über http://dnb.d-nb.de abrufbar.

ISBN: 978-3-7379-1567-0

© 2015 GBI-Genios Deutsche Wirtschaftsdatenbank GmbH, Freischützstraße 96, 81927 München, www.genios.de

Alle Rechte vorbehalten. Dieses Werk ist einschließlich aller seiner Teile – z.B. Texte, Tabellen und Grafiken - urheberrechtlich geschützt. Jede Verwertung außerhalb der Grenzen des Urheberrechtsgesetzes bedarf der vorherigen Zustimmung des Verlags. Dies gilt insbesondere auch für auszugsweise Nachdrucke, fotomechanische Vervielfältigungen (Fotokopie/Mikroskopie), Übersetzungen, Auswertungen durch Datenbanken oder ähnliche Einrichtungen und die Einspeicherung und Verarbeitung in elektronischen Systemen.